Sneaky Press Word Puzzles

Word Finds

Volume 1

SNEAKY PRESS
©Copyright 2022
Pauline Malkoun

The right of Pauline Malkoun to be identified as author of this work has been asserted by them in accordance with Copyright, Designs and Patents Act 1988.

All Rights Reserved.

No reproduction, copy or transmission of this publication may be made without written permission. No paragraph of this publication may be reproduced, copied or transmitted save with the written permission of the publisher, or in accordance with the provisions of the Copyright Act 1956 (as amended).

Any person who commits any unauthorized act in relation to this publication may be liable to criminal prosecution and civil claims for damages.

A catalogue record for this work is available from the National Library of Australia.

ISBN 9781922641212

Sneaky Press is the imprint of Sneaky Universe.
www.sneakyuniverse.com
First published in 2022

Sneaky Press
Melbourne, Australia.

The Benefits of Word Finds

Not only are word finds fun but they are great for building literacy skills. They can help develop word recognition, for example, the beginning reader does not find it easy to tell the difference between words that have "ae" and "ee". Word finds help with pattern recognition skills, for example learning that "i" comes before "e" and "q" is usually followed by "u" and that words that end with "ine" rhyme. Word and pattern recognition also help improve spelling. Finally, word finds help to expand and revise vocabulary

How to Complete a Word Find

The goal is to find all the words from the list in the grid of letters. Words can be spelt forwards or backwards, horizontally, vertically or diagonally in the grid. It helps to cross out each word as you find it so you do not spend time looking for it again—each word in the list will only appear once in the grid.

Holiday in Europe

```
I L Y L D D G J P Z C X I I X E A R K N
T A D I P R E M O I R B F N H U J J E B
A T R G V K S N T G E U R K D Y U P F G
L V C R V Q S E M Q N J Q F G Y N U H I
Y I W E U B S R V A I R E L A N D V T D
X A E E V V E L Z J R I C E L A N D B F
N J L C K Z O S O H T K R T H U U N E M
E S I E Y D Q F Q O I C Z H G E F G M O
T W T P O R T U G A L F M E R W S A W N
H I H I A I O A S G M I G X E J P U Z A
E T U Y Q W L Z H B U N E N A W O S K C
R Z A M S C G J P E J L R P T O L T O O
L E N V W C U W F L U A M J B T A R L J
A R I J E H H L R G L N A A R Q N I G G
N L A S D E S P A I N D N J I P D A X M
D A O U E G G A N U K A Y M T U C B F E
S N B O N Z W R C M P D A P A J S K Z H
K D Y N A Y Q P E Y X C R W I W B M V Q
O O K K B I S K S W W Y K W N N J C H O
O U G I K F G X S R C K Z Q T V N C H O
```

AUSTRIA	GERMANY	ITALY	POLAND
BELGIUM	GREAT BRITAIN	LATVIA	PORTUGAL
DENMARK	GREECE	LITHUANIA	SPAIN
FINLAND	ICELAND	MONACO	SWEDEN
FRANCE	IRELAND	NETHERLANDS	SWITZERLAND

Still Holidaying in Europe

```
T E H P C A U S T R I A U M X J V D X Q
W X V A D Z T J W U M W A U A G T E T X
S D O L L S E Q D Q P O M W T X L N P X
L M Q S R B L C F E E R L J F S D M C B
E M A L T A A O H H N M F D S T I A Y U
P B S E W P S N V R C E C E O O P R P L
C E E R I Z E B I E E C Y H R V D K R G
Z L R I O M H N Z A N P R U U U A K U A
M A B E C M Z I Y H B I U B K N F D S R
L R I K C R A M U G O N A B J R G Q S I
U U A J S Y O N O M S L A D L S A A D A
X S E L S O R A I N V A L B P I Q I R Q
U C P X I G A K T A T S N A I N C P N Y
M N L W A T P C R I O E X M N V I E Q E
B C Z M B G H P Q H A W N Y A D K S A M
E O B N B W N U N D J K A E G R L T Q P
R K O R N A P M A R X J W Q G L I O E I
G P R J A C M T U N T O I I E R V N L X
W V N O R W A Y W G I P W H J G O I O E
Q F Z B E L G I U M X A M F W V H A A D
```

ALBANIA	CZECH REPUBLIC	LUXUMBERG	ROMANIA
BELARUS	ESTONIA	MALTA	SAN MARINO
BULGARIA	HOLLAND	MONTENEGRO	SERBIA
CROATIA	HUNGARY	MOLDOVA	SLOVENIA
CYPRUS	LITHUANIA	NORWAY	UKRAINE

Australian Animals

```
B K Y W A L L A B Y D K R S U J D S M G
I J O M H I E D P L A T Y P U S K B M A
L O P O P P Q J U L V P K N O F B P C E
B G C E K G C K V L Z H Y F H Z A O Y E
Y O T R C A A C L U P E C O M Y N T R X
A A I A R T B L W Q U O K K A E D O L O
A N F H S D H U A G D W A Q R Z I R Z B
Y N P R Q M R Y R H E T N U W P C O Y P
L A O E J F A H J R S I G O J O O O N A
P R S T D X W N T Y A B A L K U O R B U
N A S X F V Y A I O C P R L O J T M M V
U D U M N J L Y F A Z Q O K A S X F A E
M I M F C N F V D E N E O H L Z T H G M
B N B L R Z F C Y B D D V Y A F A Q C U
A G K F R I L L N E C K E D L I Z A R D
T O B W O M B A T J E W Y V X I S F W H
N G D J W S M M D D I Y L E I Y K K F Y
Q W C G N M M Y I I F B K C C L Z Z J Z
E H E C H I D N A C F Z C W Z L I G D I
G Z D P S K F B A Z H B V D M A K Y C J
```

BANDICOOT	FRILL NECKED LIZARD	KOOKABURRA	QUOLL
BILBY	GALAH	NUMBAT	QUOKKA
DINGO	GOANNA	PLATYPUS	TASMANIAN DEVIL
ECHIDNA	KANGAROO	POSSUM	WALLABY
EMU	KOALA	POTOROO	WOMBAT

Ancient Peoples

```
S A V D T X Q N R H K T V G J F I H M H
U E I S I J K H I T P P A R T H I A N G
I Q L E U N H J W Q Y M U Y W W B E Y A
M G H C B M I E T R U S C A N H O V P A
A M L C H A E I W H U X E B S V K R H Z
Y Q N Z O K B R Y Z V R N I W G C E O T
A S D P D S N Y I O W C K R D G A Z E E
R U G G L Q F E L A T A L L P J R S N C
C S R D R E B G N O N E S S I H T T I Z
H W E K O M G N Z P N I X S Q Y H N C L
I D E H M Y H Y G U M I K Z Y U A Q I Q
N R K A A S M Y P E U I A L K R G P A Q
E J U N N G I U W T I B N N W F I B N H
S S H G Z Z N J L K I R E O O U N A Q C
E K E L C A N D E A N A H D A S I P N V
N I E E S O M R D B I E N W R N A N M P
Q C N S H K P W L I D P S A X O N S I L
M U T M F Z B J W I N O C X I K D Z L V
X O Z U P E R S I A N C K N V V Y I Y O
N D Q S A B O R I G I N A L T K P D G U
```

ANDEAN	BABYLONIAN	GREEK	PERSIAN
ANGLES	CARTHAGINIAN	INCA	PHOENICIAN
ASSYRIAN	CHINESE	MAYA	ROMAN
ABORIGINAL	EGYPTIAN	MINOAN	SAXONS
AZTEC	ETRUSCAN	PARTHIAN	SUMERIAN

At the Beach

```
W J W L P Y C W S A N D D U N E U S W B
U U H O C Q S K X H F L G X P B M W Q Z
X L C H H R A D E Y Y J B F I Z B I Q W
F Q E T Z Q N W S S H E V T J M R M O Z
G B K Y K I D R E U K T W F N Q E M X R
W Y L I N B C C U R J S I O R S L I P T
W Z B V Q P A V R F X K C P V M L N Q J
Q R O S O W S K R I V I E X G G A G S S
Z C O E B L T U W N C N C L L P H M P E
C Z G A E E L G K G S K R F F L T I L A
Y G I W A L E E I S U P E I E L W O A G
C D E E C I B C Y W U U A T E O A U S U
B S B E H F E I O B Y N M N S T E G H L
B H O D T E A T W P A O S B K B N K S L
I E A S O G C L O D Z L A C Y M V B I S
T L R I W U H M A G E M L N R L G T M T
X L D Z E A B O G C O G F T L E E S M E
U S S W L R A H Z V T Y N P I S E Z Y Q
F I D C L D L N J M A Q J S B U N N P V
Q T Q J H S L G A W J X J A N Q M E V Y
```

BEACHBALL	FLAGS	SAND DUNE	SUNSCREEN
BEACH TOWEL	ICE-CREAM	SEAGULLS	SURFING
BOOGIEBOARD	JET SKI	SEAWEED	SWIMMING
CRICKET	LIFEGUARD	SHELLS	UMBRELLA
ESKY	SANDCASTLE	SPLASH	VOLLEYBALL

A Day at the Snow

```
B P W Q M L B E A N I E T O B O G G A N
Q Y C I L U H T L S N O W S U I T U X M
C K H Z Y Y M V P E X A A B N T T M D J
O B A H E P H O T C H O C O L A T E S F
L O I R I H D O W N H I L L O W Q W C V
D B R C M X T J S N O W B A L L W T A A
H S L H N Y H Y S B O X L E M D V F R G
D L I S B X I C E S K A T I N G B L F L
Q E F Y N E O S N O W B O A R D N M B O
M D T Y P O P B X O M B T X V C T S V V
L H Q M M S W M F V A S D V R I T R Y E
X S I Y I K I M I K D O N H G G T P K S
I H K H T I Z R O I Y M V O P N Z I Q J
V M Y I T I L A S B S A F C W K M X G B
A R D P E N R K F R I N Q F X A K C J O
X N D Y N G S N N W J L O O W C N O C O
Z G K D S X O U C E D X E W U T N G U T
Z G W S H Q B F J S L X Z F M P S A E S
F Y T C R L V P O L E S U T E A V I M L
M E K K T O R P Z N W C G S I O N I M B
```

BEANIE	DOWNHILL	POLES	SNOWBOARD
BOBSLED	GLOVES	SCARF	SNOWMAN
BOOTS	HOT CHOCOLATE	SKIING	SNOWMOBILE
CHAIRLIFT	ICE SKATING	SNOW ANGEL	SNOWSUIT
COLD	MITTENS	SNOWBALL	TOBOGGAN

 # Big Trucks

```
Y P X J Y V Q P C O N C R E T E P U M P
T A N K E R N M K X E R F T S D D L C R
C O J G M S X Y W C T M J I C T Y M B Q
M C C P A G M H Z A E F W P R V H P O C
M T E O F R K G E C T M T P A I X G B S
J S R V N R B Q I A D E G E N Y X E C I
X K E E N C O A F L V O R R E D V M A D
Y E P M N P R N G Y M F D C V P N H T K
C T F C I C H E T E F D B I A T T F B M
H M R T B T H E T E C Y U D P R I O O V
E D R A O U R C S E N O F M D I R E N T
R R O B C W L A O X M D M O P F L I B G
R A A V X T T L I M J I L P R T B Y E D
Y G D V J X O R D L P U X O A K R J S R
P L T L D V J R U O E A T E A C L U F B
I I R V N V E E U C Z R C G R D T I C O
C N A T Y I S M Z E K E T T B N E O F K
K E I G K B Y E G I A N R I O Z X R R T
E T N Y F B D O J A D L B M X R N O D W
R V W U W Z R F A R V E X C A V A T O R
```

BOBCAT	CRANE	FORKLIFT	TIPPER
BULLDOZER	DUMP TRUCK	FRONT END LOADER	TRACTOR
CONCRETE MIXER	GARBAGE COMPACTOR	ROAD TRAIN	TRENCH COMPACTOR
CONCRETE PUMP	DRAGLINE	SEMI TRAILER	TOW TRUCK
CHERRY PICKER	EXCAVATOR	TANKER	WATER CARRIER

People Movers

```
L V Z E F N Q H E L I C O P T E R A V O
K S E T Z A S Z S H I P C P J Z G V Q Q
M L P S U Z Y O D J K X I M T R A M T A
O E P C F C X I D M O N O R A I L M B E
F I E W I Q G X L M H G U U F D C A R D
C G L O T S N O W M O B I L E I A X V U
H H I T R O G N L G U F S V N P Y B H X
A P N Y A Q V D P J D S C O O T E R U R
I H R J I L C P N J G F H F E R R Y E S
R Y H S N D P U F R Z V B O S P Z G G E
L J J I K S F M F Y N U L N F P S O A M
I S I X N K D J O W G S P Q G Q S B S K
F R B T Y V U X I T V N C A N O E L V E
T Q R M Q D D O Z F O W P L A N E V X U
X G O P R W O O P A T R S A Q Y M U L G
O N W G B J D D G H W I B X X W K I N A
L D B E F K C Q S S W V P I C J T Q F U
G R O R X L C E B F L F A B K T A R A E
R P A W W S P D I D V E R N J E X K K H
T A T K O C F T O U W E D H L L I Q F Y
```

BUS	HELICOPTER	ROW BOAT	TAXI
CANOE	FERRY	SCOOTER	TRAIN
CAR	MONORAIL	SHIP	TRAM
CHAIRLIFT	MOTORBIKE	SLEIGH	VAN
DOG SLED	PLANE	SNOWMOBILE	ZEPPELIN

An African Safari

```
N Z C G F V C W B L I M U S R G W U Q O
I Z P I T H O B D H H W I F F N P S H G
E E T R P I Z A V G E B E E R R U N Z L
X B I A C P I G A Z E L L E S R Z R I W
S R E F D P I E L E P H A N T S B E H I
T A O F O O F I W C R O C O D I L E S L
Y S S E B P C F R A S K C L D O Y Y Q D
P O T S A O A H W Q R D H C W N N G R E
A F R V B T D L I W E T L M E J X C O B
R W I P O A L U U M T A H O H B G H T E
S C C Y O M I Q A V P P E O U Y O E Z E
D H H B N U O D M N X A A V G O R E U S
M Y E D S S N I T H T Q N K N S I T Q T
E E S N V U S O T X I E J Z Z T L A M S
E N W J U J M N E L I M L X E N L H O T
R A R R H I N O C E R O S O I E A S N C
K S P T U W K U W A T P S H P N S W K E
A G C Q C Y G S O V K Z A J B E X G E Q
T J R B Y G M F B N B G F C Y E O S Y G
D T I X E K N L F U N L E O P A R D S R
```

ANTELOPE	ELEPHANTS	HYENAS	OSTRICHES
BABOONS	GAZELLES	LEOPARDS	RHINOCEROS
CHEETAHS	GIRAFFES	LIONS	WARTHOGS
CHIMPANZEES	GORILLAS	MEERKAT	WILDEBEESTS
CROCODILES	HIPPOPOTAMUS	MONKEYS	ZEBRAS

 # International Cuisine

```
S H C E U J N K C H E B T T T A O T M I
S N A X E O A I V L N U C E V P K N W L
A Y V U F E S C U T G R H R R P Z H B Y
M V X K Y W I A K P Y R U I V L B A S P
O Z S O E K G S B S D I R Y S E A U W O
S F A T T B O S F F V T R A X S J V H R
A Y G W L I R O B Q Y O O K F T M V R Q
S F S X D W E U B Y N S S I K R S Y H U
F D Y N J K N L K E R N T Y K U P P S S
N Y D W I S G E U L D K A H N D M A Q Y
H J F S G J D T H P D U T Z H E Z D V U
B S E R O T S P R I N G R O L L S T M D
B Q E D I U A U B J P I Z Z A C T H U X
L A K S A E V B B J N K P I Q J S A P T
K A M L S X D L O Z B M N A K S G I C A
A I Z U U D J R A U D T G G E N G K K C
D G R X S A V G I K L B B W F L A A E O
I I E W H W O R G C I I A B P S L W B S
U U U W I K P Z V A E A E H F H F A A S
G O U L A S H L F C C U R R Y Y T D B P
```

APPLE STRUDEL	FRIED RICE	PAD THAI	SPRING ROLLS
BURRITOS	GOULASH	PAELLA	SUSHI
CASSOULET	KEBAB	PIZZA	TABOULI
CHURROS	LAKSA	SAMOSAS	TACOS
CURRY	NASI GORENG	SOUVLAKIA	TERIYAKI

Dream Jobs

```
I X N I N T E R I O R D E S I G N E R D
L E Z Y B W T M T W K B H C D A E U C D
L A V J Z O O K E E P E R S A H J Q S Q
U U V S F K H I J N Y R Q A T H L E T E
S T F A S H I O N D E S I G N E R V R C
T H G X O H E N T R E P R E N E U R I H
R O J G M A R I N E B I O L O G I S T E
A R Q A S T R O N A U T P J G X T Z C F
T N H T I M P M Q Y X X H Q K R H C H I
O U W P P A Z S P V K P B H J U U N O A
R B K W I Q D W I B Y P A B V C U L C R
F X B F L B Q L E A M U S I C I A N O T
V I D E O G A M E D E S I G N E R H L I
H O C E T Q M U D X E N R B D Y V M A S
Z K L V J J D Y J S V J Y Q S A P W T T
A P E R S O N A L S H O P P E R P N I R
C P R I R Z P N Q L S U P E R M O D E L
T P H T P W S T Y L I S T R V V G R R Q
O U S O R F J A Y V D A L P G N F S L S
R B X M I N G E L A T O M A K E R Y F S
```

ACTOR	CHEF	GELATO MAKER	PERSONAL SHOPPER
ARTIST	CHOCOLATIER	ILLUSTRATOR	PILOT
ASTRONAUT	ENTREPRENEUR	INTERIOR DESIGNER	STYLIST
ATHLETE	FASHION DESIGNER	MARINE BIOLOGIST	SUPERMODEL
AUTHOR	GAME DESIGNER	MUSICIAN	ZOOKEEPER

Pastries

```
Z P M H A N K O D E O J L B S N F X K A
T A U I Q D O U Q L M V H N M E K F N L
B F C Z A A F F H P A S T I Z Z Y N V D
M X Z V G N U V S F E L Q Q T C D C R E
I I Z D N I R B O M B O L O N I O R K Q
C Y L R H S K A E Q Z K R L L N N O R C
U R R L E H D Z P A E M I Z Z B U Q E F
N A G Z E M É V U F U A M V F R T U P C
W Z W C E F P C A Q E N R Z T I A E M H
Y D B R W G E A L N H L N C E O U M B U
R P A O M S C U N A I Y S G Q C S B O R
L I K I Z C N D I A I L E T Q H W O R R
R C L S T F W B J L D R L O R E S U E O
C A A S M U K N Y H L A B A Q U X C K S
K R V A W C K F U W C E S I S X D H W S
Q O A N Z C A N N O L I S B X L C E T R
V N O T S P A N A K O P I T A A I J L S
J E V Y W M R A G Y R M Q J M G K C T S
Z S X A O W E K E K C E E P C R V K E J
V F P R O F I T E R O L E V E Y W H N H
```

APFELSTRUDEL	CANNOLI	DONUT	PASTIZZ
BAKLAVA	CHURROS	ÉCLAIR	PICARONES
BOREK	CROISSANT	EMPANADAS	PROFITEROLE
BRIOCHE	CROQUEMBOUCHE	LOKMA	SPANAKOPITA
BOMBOLONI	DANISH	MILLE FEUILLES	VANILLA SLICE

 # Yikes! Snakes!

```
S E R P E N T A Z J A D C A P A D D E R
K W H Z Z B A S I L I S K N T F S Y N Z
U M B Y C J U P J P A Z M T A N Q J Y Z
B O O M S L A N G X S U I I I F T T P X
L C A R R W C A U B P W Z V P H R R P E
T C J A G P I N I K M F W E A P B G Y Y
S A X A T F X A J D Y K O N N N R B T D
X A M M K M Q C K R R R M O C K Y I H R
S R P U W H G O P V X A M M I Z Z M O Z
V J A U T P N N T Q P I K D I Z V I N M
C I L T J G B D X Z V T Q X E B R L T U
V O P X T A Q A P K I N G C O B R A L O
S E B E Z L B O A C O N S T R I C T O R
Z C N R R Y E A W I T D N U F O K U M Y
I T B O A V F S K L A N C E H E A D X H
X L K U M E H B N Z H S H N Z Z M R H T
L Z M W R C S L X A X V X M N W A A S M
X R P Z Q S E A I L K N G X U C M K S G
L I X W C O P P E R H E A D R O B T J M
L V A Y O B T I G E R S N A K E A V B O
```

ADDER	BOA CONSTRICTOR	KRAIT	SERPENT
ANACONDA	BOOMSLANG	LANCEHEAD	TAIPAN
ANTIVENOM	COBRA	MAMBA	TIGER SNAKE
ASP	COPPERHEAD	PYTHON	VENOM
BASILISK	KING COBRA	RATTLESNAKE	VIPER

Creepy Crawlies!

```
N V J T K P B Y I B C B Z W G W U U W C
A M P L B U M X Y X Q P B P S B K K W I
M G A W K N Y M J D W P E F H E L P T C
C A T E R P I L L A R K E A Y K A R S A
B D R A G O N F L Y P F Q Q G K D K N D
T H C T S Q N I U T E R M I T E Y Y B A
V C H H R G C X Q F W U B I B F B U D W
Q B R P M Y V X E A R W I G C L U W I M
I M P N H W W C S L A T E R P Y G W B Z
D G R A S S H O P P E R V P Y X C W P L
G M L U W A S P I S C L Q G B E E T L E
V L O C V N W H J P U W Z O M I F K M K
Y Q R S X O C O C K R O A C H C R O W L
C C W D Q P R A Y I N G M A N T I S P R
E R S Y Z U P K D I F A P H I D X M E F
X U I X C F I V J U X X N Y X L Z R I U
L B R C L D J T P F X U K K E T H J A B
I U H N K A P S O L V Y W I F N V H N Q
C B W M O E N H G E Q X E C H S B W T Y
E L Q S V U T Y A A P E F Z B D S C B N
```

APHID	CICADA	FLEA	MOSQUITO
ANT	CRICKET	FLY	PRAYING MANTIS
BEE	COCKROACH	GRASSHOPPER	SLATER
BEETLE	DRAGONFLY	LADYBUG	TERMITE
CATERPILLAR	EARWIG	LICE	WASP

Dinosaurs

```
G Q P T O R N I T H O M I M U S S G K S
G R O R E C T R J U V T P M A I P C V T
P Z O Y O L A R V H U W D K Q G I E E E
T D M J V T A D I S I Q V N E U N R L G
E D I L Z I O S R C K C G N K A O A O O
R P N P T R H C M E E K F Y B N S T C S
A E M U L H Y T E O A R G L H O A O I A
N O I T I O F B O R S D A L A D U S R U
O G D Q K L D Z W X A A N T E O R A A R
D F N X J W X O Q N O T U O O N U U P U
O C W Q M R I Y C D K M O R U P S R T S
N P C N V V I H Z U I C F P U G S U O E
X V C N F M Y J S J S E R M S S H S R I
N B R A C H I O S A U R U S V G N T V G
H O T I A R A J U D E N S K L W M A U P
Z I U T Y R A N N O S A U R U S G K B S
O A L L O S A U R U S I W N M I Q M A V
A S D E Q D C G I G A N T O S A U R U S
B T L I N H E N Y C H U S L L J Y I W M
A D C B R O N T O S A U R U S T K E C W
```

ALLOSAURUS	DREADNOUGHTUS	MINMI	STEGOSAURUS
BRACHIOSAURUS	ELASMOSAURUS	ORNITHOMIMUS	TIARAJUDENS
BRONTOSAURUS	GIGANTOSAURUS	PROTOCERATOPS	TRICERATOPS
CERATOSAURUS	IGUANODON	PTERANODON	TYRANNOSAURUS
DIPLODOCUS	LINHENYCHUS	SPINOSAURUS	VELOCIRAPTOR

 # What kind of dog is that?

```
O R Z Q K C T Z P U G N S Z D J B V K W
I N A G Z C H Z F V N H G B H P O P D E
B G Q B G M G I E Z M O U P U X X L Q D
T O O K L V V C H H P G O S K L E U D A
F A R L R U P R I U P T K E K Z R V A R
X T J D D O E T R P A O U E L Y Q U L B
A Y V A E E T H E B I H M Y D M T B M L
P O G C C R N T E S U Q U E E V F O A O
S O B E A K C R W E E L L A R A D C T O
A F O X R V R O E E L J L Y C A Q R I D
M G D D D M A U L T I E N D C N N T A H
O R P L L O A L S L R L R A O E T I N O
Y E I A F E B N I S I I E Q A G J K A U
E Y Y B J V D E S E E E E R H T W P C N
D H X R P A V T R H R L M V D V J M I D
A O A A G L A X I M E G L N E S R S C U
J U X D C G L H L G A P R U M R Z O R U
L N V O T H Q G S B P N A R K U P Z T Z
O D L R I C U F E K V S C R D S M C A Z
C E C B A P R C R E T N S E D F E Y T N
```

BLOODHOUND	CAVALIER	GOLDEN RETRIEVER	POMERANIAN
BLUE HEELER	CHIHUAHUA	GREYHOUND	POODLE
BORDER COLLIE	DALMATIAN	HUSKY	PUG
BOXER	DOBERMAN	JACK RUSSELL	ROTTWEILER
BULLDOG	GERMAN SHEPARD	LABRADOR	SAMOYED

Fairy Tale Villains

```
T B H J I K K G B L B O M M T R X J B I G F A I C
F Z W I Z E E O D A B L I V U R S U L A D J H A M
W D Q I S F Y H O Q F S M H V K N V U V X J P U Y
I L A E C C B T T J U U O E J T R R X E H Z T X T
Q T I M L K B K P Y U E M D K Y S M A D Y N W P A
M C D U D P E L C T T V E F E X Y G R I N C H W S
W G R L W H K D O B M W S N C A P T A I N H O O K
E A J U C R C F W R I T T X O O P I X G U M O C O
J S U U E W X M F I D G P T U F K R S P O A D B P
M T C F F L I Y J T T F B R V P H H K E O D A V L
A O Z T H G L C R D R C A A I N F E O E W P D F M
L N M E W V M A K Q T U H R D N V T A H C R Q T B
E I T C N L G E D E N Q M O Q W C L Y R G N U E P
F B X R O V H A S E D D V P F U O E T N T N S V P
I O K Q F V Y X R H V S P U E T A L H U L S P I R
C P A C U Y K N H X A I T V L L H A F A P P K L I
E X J U K Z Y X Q S U N L E V P S E D Y N X R Q N
N W A B P X K F L X W K Y V P B N T W R L S H U C
T A F Q C G R X P G W J I U R M N U I E E S M E E
L C A J U D G E F R O L L O Q X O M K L S H G E J
G W R U K D D U J M A G K W J S I T F I T T D N O
L K X M M L E A V B O P G N Q R L X H H N S P L H
S C A R R K X E X M T D B H U Y K L R E O X K I N
J V W U R F H I P L P Z W N M D J G Y T R Q U I E
T Q Z N C Y R N E D M G O F B S J B R C O R B J N
```

BIG BAD WOLF
CAPTAIN HOOK
CRUELLA DE VIL
EVIL QUEEN
GASTON
GRINCH
JAFAR
JUDGE FROLLO
LORD FARQUAAD
MALEFICENT
PRINCE HANS
PRINCE JOHN
RUMPELSTILTSKIN
QUEEN OF HEARTS
SCAR
SHAN-YU
URSULA
WICKED STEPMOTHER
WICKED WITCH OF THE WEST
YSMA

Fairy Tale Heroes and Heroines

```
Y E Q S A L A D D I N L J X E K S I W A
P L L G L Y N P Q G Z E J D B L C R D H
L S B R P E T E R P A N X U S X I A Y A
N A G E K S E J T O S H R E K M N U W N
E H Z T D I D P V C O E G V I K D P V S
G U O E W M D C I D G W A V P A E R E E
O M M L V B T V T N K B L Y H Q R I Y L
J F A A C A H K Y N G K X R D W E N L S
T Y F L I A U L J W W B I P Y J L C H B
Y T R I C A Y I U H R A E K W W L E E E
U T Y C B R A P U N Z E L A F O A S B L
M Z W E G I S H L U W P U K U S Y S E L
P R I N C E S S J A S M I N E T E F A E
Y F Q F Q L S N O W W H I T E P Y I S L
D R M W I Z A R D O F O Z I K Q X O T J
W J P F L C R O M V E G G G I D Y N C R
D G K G H M Y I T E D P G B A X L A H H
F A I R Y G O D M O T H E R U S F G H C
K C W Y C C A W O S K I D C S B L S P H
F Q P P R I N C E C H A R M I N G X J N
```

ALADDIN
ALICE
ARIEL
BELLE
CINDERELLA
ELSA
BEAST
FAIRY GODMOTHER
HANSEL
GRETEL
PETER PAN
PRINCE CHARMING
PRINCESS FIONA
PRINCESS JASMINE
RAPUNZEL
SHSHREK
SIMBA
SLEEPING BEAUTY
SNOW WHITE
WIZARD OF OZ

Ologies Part 1

```
A R C H E O L O G Y R O E X D I B T E M
Q H S E Q L E O R P B K T D W O B N F L
A D Z O Z X A G G C Q J Y R U R Q O B P
E Q D F B S C P L T M A M A S N O Z Z H
N W T K J S F H E R G W O F P I S R P Y
T G H R C O P O X T C V L I A T D D R S
O O E W C C P N I M X B O F I H Z C J I
M S O H Y I I O C J A I G E C O K Q A O
O E L B E O M L O S E O Y L A L K F L L
L I O H C L M O L X B L O M R O M K X O
O S G G O O U G O J S O R E D G Y S Z G
G M Y A L G N Y G S E G V T I Y D X O Y
Y O X P O Y O F Y K P Y V E O A V Q O R
E L F E G Y L G D R A D I O L O G Y L D
R O W T Y A O Q P Q A H D R O R B O O X
O G H S B N G K A C W A Z O G S G I G H
C Y O D E P Y N J M L O N L Y Z T D Y L
F F P S Y C H O L O G Y O O A N F G L G
W C W G E O L O G Y J Q X G K A Q G X T
U H E P A T O L O G Y P N Y R N S H D L
```

ARCHEOLOGY	ETYMOLOGY	METEOROLOGY	RADIOLOGY
BIOLOGY	GEOLOGY	ORNITHOLOGY	SEISMOLOGY
CARDIOLOGY	HEPATOLOGY	PHONOLOGY	SOCIOLOGY
ECOLOGY	IMMUNOLOGY	PHYSIOLOGY	THEOLOGY
ENTOMOLOGY	LEXICOLOGY	PSYCHOLOGY	ZOOLOGY

Ologies Part 2

```
K F F B Q H P A T H O L O G Y Z Y I N T
Z M V B A T W P A L E O N T O L O G Y I
D G W C Y H E R P E T O L O G Y G Y P C
H A L A H C F B I G G L P J V C E H Z L
R H T A O P A S T R O L O G Y E L X R I
E X R R C R N X O K X E X T B T O I M M
R X E W B I X X W N M V V V F O T C E A
X L A H Z W O N N L J K O O F L O H P T
H P B Z E P I L E E G N X L E O L T H O
O Q R G N X M M O P R I J C L G O H A L
R J O I M E I O C G H C O A I Y G Y R O
O M N Q M Y Y R O H I R X N N N Y O M G
L X C Q R A T P S Y C S O O O K Q L A Y
O X O U U U T H M D I J T L L T E O C Q
G E L J F T T O O G N Y I O O I K G O F
Y R O Q K G W L L L V Z D G G G Z Y L A
H W G U E E Z O O O O U W Y Y L Y A O N
I F Y L L R E G G G G G K D S H F C G D
P M D J E Y O Y Y Z T Y Y K V P A J Y T
O N P P M D E N D R O L O G Y A K L B W
```

ASTROLOGY
CETOLOGY
CLIMATOLOGY
COSMOLOGY
DENDROLOGY

FELINOLOGY
GELOTOLOGY
GLACIOLOGIST
HERPETOLOGY
HOROLOGY

ICHTHYOLOGY
MORPHOLOGY
MYTHOLOGY
NEPHROLOGY
ONCOLOGY

PALEONTOLOGY
PATHOLOGY
PHARMACOLOGY
PRIMATOLOGY
VOLCANOLOGY

# Mythical Creatures

```
B V K P Y H U W T M X S L H B J E K P P
W U W K E L Y F K E F Q L R L B A W J F
K K N F B G U M J A F V S M C N L W J B
A Q M I A D A H E K N Q C J T R O L L J
O M O Y C I R S Z R Z Z P I J H P Z P C
S L X A P O R A U D M P U T M T E W Q L
J J N N W C R Y G S V A H M U P S E Q Z
Z J X G T R C N N O C T I O Y Q R O M P
P D T R X S G W S L N S S D E Y O C I A
G E E I X B I X D I E H U P W N N I N C
N L N F K E A I I D W A R F E S I U O K
O F R F R B N Q K O H D Y W R K L X T S
M R F I I O T S M J O M I K E B J M A C
E H X N C B G C L H B U A D W S J S U P
K S P H I N X X T F B R A L O B Z K R I
B C I E C E A V Z S I K R W L L M J L X
E D Q R R Q A T I A T E U L F S A K K I
L B V L E P R E C H A U N C O I Z D J E
R Z N C E N T A U R D P T S Z Y E N G Q
N Z U Y X Y N W M G D F G U E G X H Z V
```

CENTAUR	GIANT	LEPRECHAUN	PIXIE
FAIRY	GNOME	MERMAID	SPHINX
DRAGON	GRIFFIN	MINOTAUR	TROLL
DWARF	HOBBIT	PEGASUS	UNICORN
ELF	IMP	PHOENIX	WEREWOLF

Greek Gods

```
F F W R M P V O I H G P L K A Y S V U I
D H H K U U W W Z Y I A K P R C L X O A
H E R A C L E S F I E N P Y T C P J C I
U G K Z Y P F N Q M Y Z Q I E G D H P E
X N Y U P W T T A P G B A M M I H M E H
A E D B H I X O U R A K B V I H Z S R F
Z P S A Q T P A L D C R R V S Q F V S H
M A O D E K W R Y L E I E Q D R B X E E
A T M L B T F L Z E S M S S W M W S P R
P L A X L O T Y M D G D E S J S S J H M
H A T D P O J C O D I J G T U H F P O E
R S M V O R C C R C H O R L E S X O N S
O L L X X N O S P O U M N W I R I S E Q
D R S D F M I M H O V Z W Y O B Q E K T
I F T E E A P S E P W P S L S D X I A T
T G C Y Y V U T U T Z W D Z E U S D T P
E H V L J Z Q U S F H R X L M T S O H R
H C H A D E S Z E W W E H E R A P N E M
E J N P H S V O W V M G U X N H P R N W
X I Q W K W Y U W X Y M F S X S J K A I
```

ADONIS	ATLAS	HERA	PAN
APHRODITE	ARES	HERACLES	PERSEPHONE
APOLLO	DEMETER	HERMES	POSEIDON
ARTEMIS	DIONYSUS	MORPHEUS	PROMETHEUS
ATHENA	HADES	NARCISSUS	ZEUS

Shoes

```
F F W R M P V O I H G P L K A Y S V U I
D H H K U U W W Z Y I A K P R C L X O A
H E R A C L E S F I E N P Y T C P J C I
U G K Z Y P F N Q M Y Z Q I E G D H P E
X N Y U P W T T A P G B A M M I H M E H
A E D B H I X O U R A K B V I H Z S R F
Z P S A Q T P A L D C R R V S Q F V S H
M A O D E K W R Y L E I E Q D R B X E E
A T M L B T F L Z E S M S S W M W S P R
P L A X L O T Y M D G D E S J S S J H M
H A T D P O J C O D I J G T U H F P O E
R S M V O R C C R C H O R L E S X O N S
O L L X X N O S P O U M N W I R I S E Q
D R S D F M I M H O V Z W Y O B Q E K T
I F T E E A P S E P W P S L S D X I A T
T G C Y Y V U T U T Z W D Z E U S D T P
E H V L J Z Q U S F H R X L M T S O H R
H C H A D E S Z E W W E H E R A P N E M
E J N P H S V O W V M G U X N H P R N W
X I Q W K W Y U W X Y M F S X S J K A I
```

BALLET FLATS	GUM BOOTS	SANDALS	ROLLER SKATES
BOAT SHOES	LOAFERS	SCUFFS	RUNNERS
BOOTS	ICE SKATES	SLING BACKS	TAP SHOES
CLOGS	MOCCASINS	SLIPPERS	THINGS
CROCS	MULES	STILETTOS	WEDGES

Hats

```
W P S J P L H Z L P A B O N N E T B H G
G F X R A B A M N G L G F O X Z G L D G
V F V C L W I D U S Z L A P P F R M X Q
F E D O R A W Z V A H V U L A C Q B N P
L P C S T R A W Z V Q Z S J N B K A D D
E W R B S Q L P A I F O H S A O G S B V
T G O H L M Q Q E G A E A L M W U I O H
B V C O W B O Y S H P O N O A L J A J M
H R O J W P T T A J Y R K U T E J Y Q C
V L M B O A T E R A U A A C Z R M X I W
I J E C K P B D R C K K H H K D Q L X B
H J W M I Q O U L R F U G D C C R D U C
F G B E E D S T C I J B T P T A D Q Y Y
Q D G T L L O H O K H R R F V O P B C G
N Z L M X N M L Z P E A I H I O Q D H A
P S E B R M B F M L Q T C K Z J M U R S
T K J K M A R A R M I W O J K E P I E R
B E A N I E E T H M D R R Z E J Y U F O
S P E Z Z Y R C Z M S E N O Z U S H E Z
L I U P Y W O R U W R U E B E R E T Z N
```

AKUBRA	BOWLER	FEZ	STRAW
BERET	BUCKET	KEPI	TOP
BEANIE	CAP	PANAMA	TRICORNE
BOATER	COWBOY	SLOUCH	TOQUE
BONNET	FEDORA	SOMBRERO	USHANKA

National Costumes

```
S I S S S B D P K C K Y O V G V A S D H
J U E H D H A O D A Z O S H E E N Z K B
F D J O E S U O F P F N C Y I R B L I U
G D C O S R A L A Z O T S M B I N X M H
L G U R A I W R A H J O A P K K W T O S
A O Q D E T V A I U V A S N M I P F N J
P F N M D A W B N K Z R G O P J L K O K
O T G B K X Z L E I B P H B M K F T W W
N B B J G L J E F R J G D S A B A R I F
C J R Z R P E D K W E G O A N D R L B E
H W G S S B M E E L M T D R M M A E Y Z
O I H W W F S R B P M S J A R G Y H R V
X O J F Q Q N H A L C W X F N V C A Y O
M Z W P A R U O Y D P U S A D W J N F Y
M K G S H V S S A R L G U N D K V B M Z
J S R A U O N E D N E D O A I A V O S U
T Y I R I L Q N J K E F F I Y E H K Y L
L Y T O P E Y J J M D I W E G H G R T W
H V U N I I Z V C W W A B M P P L A N D
U Y G G L N Q M V D Q H N T H A N F U N
```

AGBADA	HUIPIL	KIMONO	SARI
BERET	KAFTAN	LEI	SARONG
FEZ	KEBAYA	LEDERHOSEN	SHERWANI
HANBOK	KEFFIYEH	PONCHO	SHULA
HANFU	KILT	SARA FAN	SOMBRERO

Feeling Blue

```
J S B J L S A P P H I R E M S W M F O X
N N D A N R O Y A L I P N O D G A I E A
C C O B A L T V Z B C Y A N E S A Y I V
O T H Q H G J Q S I A M V Y N B Q E M F
H L N C C G P Y K K S B Y S I G U P U L
M I Q C Z Z K D Y S X U Y O M F A E Z I
G G U O H D Q L C W L L N R Y Q M L H Y
H H I G D W E C N S V T I Q C J G E E V
E T V C E R U L E A N R I R W A I C Z M
W B K A M H F F C R G A V M I B B T D H
P F Y O C Q G E C W S M A M N I G R A H
Q R U L P O T D G F O A P J Z F P I R T
A C U T L T R T G R P R H B U V N C K U
Z T B S R E J N W F W I E Y P F L I I R
U E P M S M H I F I E N N T W S A Z A Q
R A D I Y I O X W L D E C G R B Y I Q U
E L U V S B A L E P O D Z Y U R C V H O
C T P Y R B V N U U U W X V E K U H R I
I N B V L Y E A K J R Q E P O W D E R S
E L I W J U G T P H O T L R X S N L T E
```

AQUA	CORNFLOWER	LIGHT	SKY
AZURE	CYAN	NAVY	SAPPHIRE
BABY	DARK	PRUSSIAN	TEAL
CERULEAN	DENIM	POWDER	TURQUOISE
COBALT	ELECTRIC	ROYAL	ULTRAMARINE

Card Games

```
U N T E S C P T Q Z B R U M M Y E G E C
N S F R N M P A G N I N S K C C H E A T
O N C A A G H Z I B C K H N I R F J B J
M O N A P N B I J R S C O P A U U M L T
L O L V N B O R M R S T Q X F W S S I P
I I K D J A B U I G O F I S H Q G U T C
I L F I M V S L H S H C R H G R O P Z V
Q D Y S T A R T A J T B R I D G E A W J
A U U U O Y I R A C K O S L W O C X X F
C H U N V L M D O T K T L W M O R K N O
A W E P D V I L X A K J S S J H I A P M
R H S A S I Y T I C A M A D Q D B S I J
S J L S R E H I A N R J K C Z Z B K E X
V P F X Z T M Z O I C R Y C K W A E P A
F L O W I Q S Y T L R L U P F M G U O H
M F V O B L J Q M X T E K I F L E C K F
H B X K N Z X R P H K S B T D R W H E U
Q L Y G V S J M D Q X X K W H E T R R V
H T J J V V P J Q A S P E E D O T E M R
S X A B M O Y X T K G N K U S P P N S A
```

BLACKJACK	CHEAT	OLD MAID	SNAP
BRIDGE	CRIBBAGE	PAIRS	SPEED
BLITZ	EUCHRE	POKER	SPOONS
BRISTOLS	GO FISH	RUMMY	SOLITAIRE
CANASTA	HEARTS	SCOPA	UNO

Poetry

```
A M W F X G R Z Y N M B G P U W M C L X
C V Y W N L A H U U F R A I R D A C O P
R E K S W N U S H C E I E O D E L V E N
O B R N T F O T S T C R H Y M E L F P W
S G X K X A R N R O G R N O T E I R I H
T O J E L L N E O H N T W O O L T D C F
I O R W O I U Z E M Z A L A R E E V H D
C B I E L M G U A V A E N C U G R J Q Y
Y A L N G E S S T N E T H C S Y A Z F J
D L T X H R O D I P E R O H E S T F Z T
A L M Y A I N P P R Q X S P A I I L T P
C A R N I C N B H S G Q K E O G O D N K
M D Q X K K E P K J O D T M N E N X M R
E X X A U P T N Z S Q L D B X X I P B M
T L C O N S O N A N C E I L Y Y J A K F
R X E L P I W J F F G L D L N L D P W W
E V I L L A N E L L E H L J O C J B V J
G Q T Q L T L F T T L W X R N Q C S V F
K X S J X P A S T O R A L H B C U P G E
Y Z Q Q Z N R F R C O U P L E T Y Y G N
```

ACROSTIC	COUPLET	LIMERICK	RHYME
ALLITERATION	ELEGY	METRE	SOLILOQUY
ASSONANCE	EPIC	ODE	SONNET
BALLAD	FREE VERSE	ONOMATOPOEIA	STANZA
CONSONANCE	HAIKU	PASTORAL	VILLANELLE

A Spring Clean

```
A K D T W Q H R T F M W U O G J X M M C
S B B S P O N G E W O O H R A E O K W N
T C D R D N K G J K P Q C G F V L D A H
J K R E U W W B R O O M R A X S L G S G
Z S K U O S L H H H T U D N S P C J H Y
B U S K B D H L V N Q L U I V G I O A O
D G W W H K O S C N C L S S M Z J L U W
T A N P E A W R M D H B T E B L V F D R
U R X P W E D P I T Y R W V T U R L F P
K S G T D I P U I S B E T M I W C F D V
N O V G Q P P A S N E D V R U Q C K J L
V A D I O R O E M T N K I O M Z L I E O
R P D K T S G L C G P Q B S J Z O M N T
O K R Y C V T X I N A A U B I V T J K N
L F V A C U U M C S T Y N U D N H C V N
O T M Q J P J P P L H D D V W K F X M R
Z N T U R M K T M A B D B O N M S E H J
U R N Z S F X U Z Y R C W C T Z V P C P
X A J X F T Y S S D L N G R O N O Z U T
R C O B W E B S K N U N F U X L R U H Z
```

BROOM	DEODORISE	ORGANISE	SUGAR SOAP
BRUSH	DISINFECT	POLISH	SWEEP
BUCKET	DUST	SCOUR	VACUUM
CLOTH	DUSTPAN	SCRUB	WASH
COBWEBS	MOP	SPONGE	WIPE

In the Night Sky

```
I X W V N S A T E L L I T E B U J G K N
H T R F X S D E E C O V A G E G K O P L
G H F B Q L L D K O Q N E E E V V V S G
C M P L A N E T B N U B U O R L X S T W
N R A J Z C R I X S G Q B R A T L H A Q
E Z O G W O W O U T A C U S S K M O R S
B B V C E M J O B E A Z M P T C I O K O
U F K Z K L K X O L P U O A E O L T G U
L I Q K R E L B X L I V O C R B K I E T
A H C O M E T A T A B E N E O N Y N C H
C V D S S J E M N T L S H S I W W G L E
L T S B V S K F P I A I A T D P A S I R
R W E Q Z U U U J O C U Y A W X Y T P N
P K E L B N G Q T N K C N T N X U A S C
O C H M E G Q A C W H G L I X D A R E R
R U Z E R S A A L O O K V O A U T G I O
D W G T K B C L F C L C F N U Y L S V S
X W P E O X G O A N E L Q E D D F T M S
G S K O B A O T P X Q I J P X E S O C X
M J S R S C R N I E Y Y W C X Q I Y C Q
```

ASTEROID	GALAXY	NEBULA	SPACE STATION
BLACK HOLE	MAGELLANIC CLOUDS	PLANET	SOUTHERN CROSS
COMET	METEOR	ROCKET	STAR
CONSTELLATION	MILKY WAY	SATELLITE	SUN
ECLIPSE	MOON	SHOOTING STAR	TELESCOPE

Solutions

Holiday in Europe

```
I L Y L D D G J P Z C X I I X E A R K N
T A D I P R E M O I R B F N H U J J E B
A T R G V K S N T G E U R K D Y U P F G
L V C R V Q S E M Q N J Q F G Y N U H I
Y I W E U B S R V A I R E L A N D V T D
X A E E V V E L Z J R I C E L A N D B F
N J L C K Z O S O H T K R T H U U N E M
E S I E Y D Q F Q O I C Z H G E F G M O
T W T P O R T U G A L F M E R W S A W N
H I H I A I O A S G M I G X E J P U Z A
E T U Y Q W L Z H B U N E N A W O S K C
R Z A M S C G J P E J L R P T O L T O O
L E N V W C U W F L U A M J B T A R L J
A R I J E H H L R G L N A A R Q N I G G
N L A S D E S P A I N D N J I P D A X M
D A O U E G G A N U K A Y M T U C B F E
S N B O N Z W R C M P D A P A J S K Z H
K D Y N A Y Q P E Y X C R W I W B M V Q
O O K K B I S K S W W Y K W N N J C H O
O U G I K F G X S R C K Z Q T V N C H O
```

Still Holidaying in Europe

```
T E H P C A U S T R I A U M X J V D X Q
W X V A D Z T J W U M W A U A G T E T X
S D O L L S E Q D Q P O M W T X L N P X
L M Q S R B L C F E E R L J F S D M C B
E M A L T A A O H H N M F D S T I A Y U
P B S E W P S N V R C E C E O O P R P L
C E E R I Z E B I E E C Y H R V D K R G
Z L R I O M H N Z A N P R U U U A K U A
M A B E C M Z I Y H B U B K N F D S R
L R I K C R A M U G O N A B J R G Q S I
U U A J S Y O N O M S L A D L S A A D A
X S E L S O R A I N V A L B P I Q R Q
U C P X J G A K T A T S N A I N C P N Y
M N L W A T P C R I O E X M N V I E Q E
B C Z M B G H P Q H A W N Y A D K S A M
E O B N B W N U N D J K A E G R L T Q P
R K O R N A P M A R X J W Q G L I O E I
G P R J A C M T U N T O I I E R V N L X
W V N O R W A Y W G I P W H J G O I O E
Q F Z B E L G I U M X A M F W V H A A D
```

Australian Animals

```
B K Y W A L L A B Y D K R S U J D S M G
I I J O M H I E D P L A T Y P U S K B M A
L O P O P P Q J U L V P K N O F B P C E
B G C E K G C K V L Z H Y F H Z A O Y E
Y O T R C A A C L U P E C O M Y N T R X
A A I A R T B L W Q U O K K A E D O L O
A N F H S D H U A G D W A Q R Z I R Z B
Y N P R O M R Y R H E T N U W P C O Y P
L A O E J F A H J R S I G O J O O O N A
P R S T D X W N T Y A B A L K U O R B U
N A S X F V Y A O C P R L O J T M M V
U D U M N J L Y F A Z Q O K A S X F A E
M I M F C N F V D E N E O H L Z T H G M
B N B L R Z F C Y B D D Y A F A Q C U
A G K F R I L L N E C K E D L I Z A R D
T O B W O M B A T J E W Y V X I S F W H
N G D J W S M M O D I Y L E I Y K K F Y
Q W C G N M M Y I I F B K C C L Z Z J Z
E H E C H I D N A C F Z C W Z L I G D I
G Z D P S K F B A Z H B V D M A K Y C J
```

Ancient Peoples

```
S A V D T X Q N R H K T V G J F I H M H
U E I S J J K H I T P P A R T H I A N G
I Q L E U N H J W Q Y M U Y W W B E Y A
M G H C B M I E T R U S C A N H O V P A
A M L C H A E I W H U X E B S V K R H Z
Y Q N Z O K B R Y Z V R N I W G C E O T
A S D P D S N Y I O W C K R D G A Z E E
R U G G L Q F E L A T A L L P J R S N C
C S R D R E B G N O N E S S I H T T I Z
H W E K O M G N Z P N I X S Q Y H N C L
I D E H M Y H Y G U M I K Z Y U A Q I Q
N R K A A S M Y P E U A L K R G P A Q
E J U N N G I U W T I B N N W F I B N H
S S H G Z Z N J L K I R E O O U N A Q C
E K E L C A N D E A N A H D A S I P N V
N I E E S O M R D B I E N W R N A N M P
Q C N S H K P W L I D P S A X O N S I L
M U T M F Z B J W I N O C X I K D Z L V
X O Z U P E R S I A N C K N V V Y I Y O
N D Q S A B O R I G I N A L T K P D G U
```

At the Beach

```
W J W L P Y C W S A N D D U N E U S W B
U U H O C Q S K X H F L G X P B M W Q Z
X L C H H R A D E Y Y J B F I Z B I Q W
F Q E T Z Q N W S H E V T J M R M O Z
G B K Y K I D R E U K T W F N Q E M X R
W Y L I N B C U R J S J O R S L I P T
W Z B V Q P A V R F X K C P V M L N Q J
Q R O S O W S K R I V I E X G G A G S S
Z C O E B L T U W N C N C L L P H M P E
C Z G A E E L K G G S K R F F L T I L A
Y G I W A L E E I S U P E I E L W O A G
C D E E C I B C Y W U U A T E O A U S U
B S B E H F E I O B Y N M N S T E G H L
B H O D T E A T W P A O S B K B N K S L
I E A S O G C L O D Z L A C Y M V B I S
T L R I W U H M A G E M L N R L G T M T
X L D Z E A B O G C O G F T L E E S M E
U S S W L R A H Z V T Y N P I S E Z Y Q
F I D C L D L N J M A Q J S B U N N P V
Q T Q J H S L G A W J X J A N Q M E V Y
```

A Day at the Snow

```
B P W Q M L B E A N I E T O B O G G A N
Q Y C I L U H T L S N O W S U I T U X M
C K H Z Y Y M V P E X A A B N T T M D J
O B A H E P H O T C H O C O L A T E S F
L O I R I H D O W N H I L L O W Q W C V
D B R C M X T J S N O W B A L L W T A A
H S L H N Y H Y S B O X L E M D V F R G
D L I S B X I C E S K A T I N G B L F L
Q E F Y N E O S N O W B O A R D N M B O
M D T Y P O P B X O M B T X V C T S V V
L H Q M M S W M F V A S D V R I T R Y E
X S I Y I K I M J K D O N H G G T P K S
I H K H T I Z R O J Y M V O P N Z I Q J
V M Y I T I L A S B S A F C W K M X G B
A R D P E N R K F R N Q F X A K C J O
X N D Y N G S N N W J L O O W C N O C O
Z G K D S X O U C E D X E W U T N G U T
Z G W S H Q B F J S L X Z F M P S A E S
F Y T C R L V P O L E S U T E A V I M L
M E K K T O R P Z N W C G S I O N I M B
```

Solutions

Big Trucks

```
Y P X J Y V Q P C O N C R E T E P U M P
T A N K E R N M K X E R F T S D D L C R
C O J G M S X Y W C T M J I C T Y M B Q
M C C P A G M H Z A E F W P R V H P O C
M T E O F R K G E C T M T P A I X G B S
J S R V N R B Q I A D E G E N Y X E C I
X K E E N C O A F L V O R R E D V M A D
Y E P M N P R N G Y M F D C V P N H T K
C T F C I C H E T E F D B I A T T F B M
H M R T B T H E T E C Y U D P R I O O V
E D R A O U R C S E N O F M D I R E N T
R R O B C W L A O X M D M O P F L I B G
R A A V X T T L I M J I L P R T B Y E D
Y G D V J X O R D L P U X O A K R J S R
P L T L D V I R U C E A T E A C L U F B
I I R V N V E E U C Z R C G R D T I C O
C N A T Y I S M Z E K E T T B N E O F K
K E I G K B Y E G I A N R I O Z X R R T
E T N Y F B D O J A D L B M X R N O D W
R V W U W Z R F A R V E X C A V A T O R
```

People Movers

```
L V Z E F N Q H E L I C O P T E R A V O
K S E T Z A S Z S H I P C P J Z G V Q Q
M L P S U Z Y O D J K X I M T R A M T A
O E P C F C X I D M O N O R A I L M B E
F I E W I Q G X L M H G U U F D C A R D
C G L O T S N O W M O B I L E I A X V U
H H I T R O G N L G U F S V N P Y B H X
A P N Y A Q V D P J D S C O O T E R U R
I H R J I L C P N J G F H F E R R Y E S
R Y H S N D P U F R Z V B O S P Z G G E
L J J I K S F M F Y N U L N F P S O A M
I S I X N K D J O W G S P Q G Q S B S K
F R B T Y V U X I T V N C A N O E L E V
T Q R M Q D D O Z F O W P L A N E V X U
X G O P R W O O P A T R S A Q Y M U L G
O N W G B J D D G H W I B X X W K I N A
L D B E F K C Q S S W V P I C J T Q F U
G R O R X L C E B F L F A B K T A R A E
R P A W W S P D I D V E R N J E X K K H
T A T K O C F T O U W E D H L L I Q F Y
```

An African Safari

```
N Z C G F V C W B L I M U S R G W U Q O
I Z P I T H O B D H H W I F F N P S H G
E E T R P I Z A V G E B E E R R U N Z L
X B I A C P I G A Z E L L E S R Z R I W
S R E F D P I E L E P H A N T S B E H I
T A O F O O F I W C R O C O D I L E S L
Y S S E B P C F R A S K C L D O Y Y Q D
P O T S A O A H W Q R D H C W N N G R E
A F R V B T D L I W E T L M E J X C O B
R W I P O A L U U M T A H O H B G H T E
S C C Y O M I Q A V P P E O U Y O E Z E
D H H B N U O D M N X A A V G O R E U S
M Y E D S S N I T H T O N K N S I T Q T
E E S N V U S O T X I E J Z T L A M S
E N W J U J M N E L I M L X E N L H O T
R A R R H I N O C E R O S O I E A S N C
K S P T U W K U W A T P S H P N S W K E
A G C Q C Y G S O V K Z A J B E X G E Q
T J R B Y G M F B N B G F C Y E O S Y G
D T J X E K N L F U N L E O P A R D S R
```

Dream Jobs

```
I X N I N T E R I O R D E S I G N E R D
L E Z Y B W T M T W K B H C D A E U C D
L A V J Z O O K E E P E R S A H J Q S Q
U U V S F K H I J N Y R Q A T H L E T E
S T F A S H I O N D E S I G N E R V R C
T H G X O H E N T R E P R E N E U R I H
R O J G M A R I N E B I O L O G I S T E
A R Q A S T R O N A U T P J G X T Z C F
T N H T I M P M Q Y X X H Q K R H C H I
O U W P P A Z S P V K P B H J U U N O A
R B K W I Q D W I B Y P A B V C U L C R
F X B F L B Q L E A M U S I C I A N O T
V I D E O G A M E D E S I G N E R H L I
H O C E T Q O M U D X E N R B D Y V M A S
Z K L V J D Y J S V J Y Q S A P W T T
A P E R S O N A L S H O P P E R P N I R
C P R I R Z P N Q L S U P E R M O D E L
T P H T P W S T Y L I S T R V V G R R O
O U S O R F J A Y V D A L P G N F S L S
R B X M I N G E L A T O M A K E R Y F S
```

International Cuisine

```
S H C E U J N K C H E B T T A O T M I
S N A X E O A I V L N U C E V P K N W L
A Y V U F E S C U T G R H R R P Z H B Y
M V X K Y W I A K P Y R U I V L B A S P
O Z S O E K G S B S D I R Y S E A U W O
S F A T T B O S F F V T R A X S J V H R
A Y G W L I R O B Q Y O O K F T M V R Q
S F S X D W E U B Y N S S U K R S Y H U
F D Y N J K N L K E R N T Y K U P P S S
N Y D W I S G E U L D K A H N D M A Q Y
H J F S G J D T H P D U T Z H E Z D V U
B S E R O T S P R I N G R O L L S T M D
B Q E D U A U B J P I Z Z A C T H U X
L A K S A E V B B J N K P I Q J S A P T
K A M L S X D O Z B M N A K S G I C A
A I Z U U D J R A U D T G G E N G K K C
D G R X S A V G I K L M F B W F L A A E O
I I E W H W O R G C I A B P S L W B S
U U U W K P Z V A E A E H F H F A A S
G O U L A S H L F C C U R R Y Y T D B P
```

Pastries

```
Z P M H A N K O D E O J L B S N F X K A
T A U I Q D O U Q L M V H N M E K F N L
B F C Z A A F F H P A S T I Z Z Y N V D
M X Z V G N U V S F E L Q Q T C D C R E
I I Z D N I R B O M B O L O N I O R K Q
C Y L R H S K A E Q Z K R L L N N O R C
U R R L E H D Z P A E M I Z Z B U Q E F
N A G Z E M E V U F U A M V F R T U P C
W Z W C E F P C A Q E N R Z T I A E M H
Y D B R W G E A L N H L N C E O U M B U
R P A O M S C U N A I Y S G Q C S B O R
L I K I Z C N D I A I L L E T Q H W O R
R C L S T F W B J L D R L O R E S U E O
C A A S M U K N Y H L A B A Q U X C K S
K R V A W C K F U W C E S I S X D H W S
Q O A N Z C A N N O L I S B X L C E T R
V N O T S P A N A K O P I T A A J L S
J E V Y W M R A G Y R M Q J M G K C T S
Z S X A O W E K E K C E E P C R V K E J
V F P R O F I T E R O L E V E Y W H N H
```

Solutions

Yikes! Snakes!

```
S E R P E N T A Z J A D C A P A D D E R
K W H Z Z B A S I L I S K N T F S Y N Z
U M B Y C J U P J P A Z M T A N Q J Y Z
B O O M S L A N G X S U I I I F T T P X
L C A R R W C A U B P W Z V P H R R P E
T C J A G P I N I K M F W E A P B G Y Y
S A X A T F X A J D Y K O N N N R B T D
X A M M K M Q C K R R M O C K Y I H R
S R P U W H G O P V X A M M I Z Z M O Z
V J A U T P N N T Q P I K D I Z V I N M
C I L T J G B D X Z V T Q X E B R L T U
V O P X T A Q A P K I N G C O B R A L O
S E B E Z L B O A C O N S T R I C T O R
Z C N R R Y E A W I T D N U F O K U M Y
I T B O A P S K L A N C E H E A D X H
X L K U M E H B N Z H S H N Z Z M R H T
L Z M W R C S L X A V V A N A W A A S M
X R P Z Q S E A I L K N G X U C M K S G
L I X W C O P P E R H E A D R O B T J M
L V A Y O B T T I G E R S N A K E A V B O
```

Creepy Crawlies!

```
N V J T K P B Y I B C B Z W G W U U W C
A M P L B U M X Y X Q P B P S B K K W I
M G A W K N Y M J D W P E F H E L P T C
C A T E R P I L L A R K E A Y K A R S A
B D R A G O N F L Y P F Q Q G K D K N D
T H C T S Q N I U T E R M I T E Y B A
V C H H R G C X Q F W U B I B F B U D W
Q B R P M Y V X E A R W I G C L U W I M
I M P N H W W C S L A T E R P Y G W B Z
D G R A S S H O P P E R V P Y X C W P L
G M L U W A S P I S C L Q G B E E T L E
V L O C V N W H J P U W Z O M I F K M K
Y Q R S X O C O C K R O A C H C R O W L
C C W D Q P R A Y I N G M A N T I S P R
E R S Y Z U P K D I F A P H I D X M E F
X U I X C F I V J U X X N Y X L Z R I U
L B R C L D J T P F X U K K E T H J A B
I U H N K A P S O L V Y W I F N V H N Q
C B W M O E N H G E Q X E C H S B W T J
E L O S V U T Y A A P E F Z B D S C B N
```

Dinosaurs

```
G Q P T O R N I T H O M I M U S S G K S
G R O R E C T R J U V T P M A I P C V T
P Z O Y O L A R V H U W D K Q G I E E E
T D M J V T A D I S I Q V N E U N R L G
E D I L Z I O S R C K C G N K A O A O O
R P N P T R H C M E E K F Y B N S T C S
A E M U L Y T E O A R G L H O A O I A
N O I T O F B O R S D A L A D U S R U
O G D Q K L D Z W K A N T E O R A A R
D F N X J W R O W O U T U O O N U U P
O C W Q M R I Y C D K M O R U P S R T S
N P C N V V I H Z U I C F P J G S U O E
X V C N F M Y J S J S E R M S S H S R I
N B R A C H I O S A U R U S V G N T V G
H O T I A R A J U D E N S K L W M A U P
Z I U T Y R A N N O S A U R U S G K B S
O A L L O S A U R U S I W N M I Q M A V
A S D E Q D C G I G A N T O S A U R U S
B T L I N H E N Y C H U S L L J Y I W M
A D C B R O N T O S A U R U S T K E C W
```

What kind of dog is that?

```
O R Z Q K C T Z P U G N S Z D J B V K W
I N A G Z C H Z F V N H G B H P O P D E
B G Q B G M G I E Z M O U P U X X L Q D
T O O K L V V C H H P G O S K L E U D A
F A R L R U P R I U P T K E K Z R V A R
X T I D D O E T R P A O U E L Y Q U L B
A Y V A E E T H E B I H M Y D M T B M L
P O G C C R N T E S U Q U E E V F O A O
S O B E A K C R W E E L L A R A D C T O
A F O X R V R O E E L I L Y C A Q R I D
M G D D M A U L T I E N D C N N T A H
O R P L L O A L S L R L R A O E T I N O
Y E I A F E B N S I E Q A G J K A U
E Y Y B J Y B O S E E E E R H T W P C N
D H X R P A V T R H R L M V D V J M I D
A O A A G L A X I M E G L N E S R S C U
J U X D C G L H L G A P R U M R Z O R U
L N V O T H Q G S B P N A R K U P Z T Z
O D L R I C U F E K V S C R D S M C A Z
C E C B A P R C R E T N S E D F E Y T N
```

Fairy Tale Villains

```
T B H J I K K G B L B O M M T R X J B I G F A I C
F Z W I Z E E O D A B L I V U R S U L A D J H A M
W D Q I S F Y H O Q F S M H V N K V U V X J P U Y
I L A E C C B T T J U O E J T R R X E H Z T X T
Q T I M L K B K P Y U E M D K Y S M A D Y N W P A
M C D U D P E L C T T V E F E X Y G R I N C H W S
W G R L W H K D O B M W S N C A P T A I N H O O K
E A J U C R C F W R T T X O O P I X G U M O C O
J S U U E X M F M K Q P H M P E R S P O A D B P
M T C F F L T Y D Q F R P H H K E O D A V L
A O Z T H G L C R D R C A A J N F E O E W P D R M
L N M E W V M A K O T U H R D N V T A H C R Q T B
E I T C N L G E D E N Q M O Q W L Y R G N U E P
F B X R O V H A S E O D O V P F U O E T T N S N J
I O K Q F V Y X R H S P U E T A L H U L S P I R
C P A C U Y K N H X A T V L L H A P P P K L P E
E X J U K Z Y X Q S U N L E V P S E D Y N X R Q N
N W A B P X K F L X M V E M D K Y S M A D Y N X R Q N
T A F Q C G R X P G W J N D R M N U E E S M E E
L C A J U D G E F R O L L O Q X O M K L S H G E J
G W R L K D D U J M A G K W J S I T F I T D N O
L K X M M L E A V B O P G N Q R L X H H N S P L H
S C A R R K X E X M T D B H U Y K L R E O X X N
J V W U R F H I P L P Z W N M D J G Y T R Q U E
T Q Z N C Y R N E D M G O F B S J B R C O R B J N
```

Fairy Tale Heroes and Heroines

```
Y E Q S A L A D D I N L J X E K S I W A
P L L G L Y N P Q G Z E J D B L C R D H
L S B R P E T E R P A N X U S X I N J A
N A G E K S E I T O S H R E K M N U W N
E H Z T D I D P V C O E G V I K D P V S
G U O E W M D C I D G W A V P A E R E E
O M M L V B T V T N K B L Y H Q R I Y L
J F A A C A H K Y N G K X R D W E N L S
T Y F L I A U L J W W B I P Y J L C H B
Y T R I C A Y I U H R A E K W W L E E E
U T Y C B R A P U N Z E L A F O A S B L
M Z W E G I S H L U W P U K U S Y S E L
P R I N C E S S J A S M I N E T E F A E
Y F Q F Q L S N O W W H I T E P Y I S L
D R M W I Z A R D O F O Z I K Q X O T J
W J P F L C R O M V E G G G I D Y N C R
D G K G H M Y I T E D P G B A X L A H H
F A I R Y G O D M O T H E R U S F G H C
K C W Y C C A W O S K I D C S B L S P H
F Q P P R I N C E C H A R M I N G X J N
```

Solutions

Ologies Part 1

```
A R C H E O L O G Y R O E X D I B T E M
Q H S E Q L E O R P B K T D W O B N F L
A D Z O Z X A G G C Q J Y R U R Q O B P
E Q D F B S C P L T M A M A S N O Z Z H
N W T K J S F H E R G W O F P I S R P Y
T G H R C O P O X T C V L I A T D D R S
O O E W C C P N I M X B O F I H Z C J I
M S O H Y I I O C J A I G E C O K Q A O
O E L B E O M L O S E O Y L A L K F L L
L I O H C L M O L X B L O M R O M K X O
O S G G O O U G O J S O R E D G Y S Z G
G M Y A L G N Y G S E G V T I Y D X O Y
Y O X P O Y O F Y K P Y V E O A V Q O R
E L F E G Y L G D R A D O L O G Y L D
R O W T Y A O Q P Q A H D R O R B O O X
O G H S B N G K A C W A Z O G S G I G H
C Y O D E P Y N J M L O N L Y Z T D Y L
F F P S Y C H O L O G Y O O A N F G L G
W C W G E O L O G Y J Q X G K A Q G X T
U H E P A T O L O G Y P N Y R N S H D L
```

Ologies Part 2

```
K F F B Q H P A T H O L O G Y Z Y I N T
Z M V B A T W P A L E O N T O L O G Y I
D G W C Y H E R P E T O L O G Y G Y P C
H A L A H C F B I G G L P J V C E H Z L
R H T A O P A S T R O L O G Y E L X R I
E X R R C R N X O K X E X T B T O I M M
R X E W B I X X W N M V V F O T C E A
X L A H Z W O N N L J K O O F L O H P T
H P B Z E P I E E G N X L E O L T H O
O Q R G N X M M O P R I J C L G O H A L
R J O I M E I O C G H C O A I Y G Y R O
O M N Q M Y Y R O H R X N N N Y O M G
L X C Q R A T P S Y C S O O O K Q L A Y
O X O U U U T H M D I J T L T E O C Q
G E L J F T T O O G N Y I O O I K G O F
R Y O Q K G W L L L V Z D G G G Z Y L
H W G U E E Z O O C O U W Y L Y A O N
I F Y L L R E G G G G G K D S H F C G D
P M D J E Y O Y J Z T Y Y K V P A J Y T
O N P P M D E N D R O L O G Y A K L B W
```

Mythical Creatures

```
B V K P Y H U W T M X S L H B J E K P P
W U W K E L Y F K E F Q L R L B A W J F
K K N F B G U M J A F V S M C N L W J B
A Q M A D A H E K N Q C J T R O L L J
O M O Y C R S Z R Z Z P I J H P Z P C
S L X A P O R A U D M P U T M T E W Q L
J J N N W C R Y G S V A H M U P S E Q Z
Z J X G T R C N N O C T O Y Q R O M P
P D T R X S G W S L N S S D E Y O C I A
G E E I X B I X D I E H U P W N N I N C
N L N F K E A I I D W A R F E S U O K
O F R F R B N Q K O H D Y W R K L X T S
M R F I I O T S M J O M I K E B J M A C
E H X N C B G C L H B U A D W S J S U P
K S P H I N X X T F B R A L O B Z K R I
B C I E C E A V Z S I K R W L L M J L X
E D Q R R Q A T I A T E U L F S A K K I
L B V L E P R E C H A U N C O I Z D J E
R Z N C E N T A U R D P T S Z Y E N G Q
N Z U Y X Y N W M G D F G U E G X H Z V
```

Greek Gods

```
F F W R M P V O I H G P L K A Y S V U I
D H H K U U W W Z Y I A K P R C L X O A
H E R A C L E S F I E N P Y T C P J C I
U G K Z Y P F N Q M Y Z Q I E G D H P E
X N Y U P W T T A P G B A M M I H M E H
A E D B H I X O U R A K B V I H Z S R F
Z P S A Q T P A L D C R R V S Q F V S H
M A O D E K W R Y L E I E Q D R B X E E
A T M L B T F L Z E S M S S W M W S P R
P L A X L O T Y M D G D E S J S S J H M
H A T D P O J C O D I J G T U H F P O E
R S M V O R C C R C H O R L E S X O N S
O L L X X N O S P O U M N W I R I S E Q
D R S D F M M H O V Z W Y O B Q E K T
I F T E E A P S E P W P S L S D X I A T
T G C Y Y V U T U T Z W D Z E U S D T P
E H V L J Z Q U S F H R X L M T S O H R
H C H A D E S Z E W W E H E R A P N E M
E J N P H S V O W V M G U X N H P R N W
X I Q W K W Y U W X Y M F S X S J K A I
```

Shoes

```
V K M U N W A Q F F Q G U M B O O T S X
H P K P M H K G T S G L F X Z M U L E S
X N R V O J I T Y S Z H S E W X G F V I
A U W R R A Z H H C B O I R E J S H B R
E A X R U N N E R S X W B B D Y G L B G
C O N R Z W P C Z S X E Y O G W Z L B Q
T U C Y O G I F W X Q J U A E J I X A S
S G W A D L C C T V W L G T S R C B L F
L L H S J T L K I Y Z B Z S P F E V L G
I O B T W L A E Z M A T J H I T S W E R
P A O I M M I P R Y S A D O O H K G T C
P F O L R O E U S S Q L Y E W I A V F I
E E T E N C E W U H K O J S F N T X L V
R R S T S C V T C C A H N G G E D A P
S S T T A A S P C R E T E S S J T M
B G Q O N S C U L M O B S E B K U S X
B R K S D I U D O E A C V Y S R A A W Y
G W F V A N F V G T A P S L X T M C T P
S P R J L S F S S S E R X B J P D E K N
P V U F S E S S B K B N W M N F X R S S
```

Hats

```
W P S J P L H Z L P A B O N N E T B H G
G F X R A B A M N G L G F O X Z G L D G
V F V C L W I D U S Z L A P P F R M X Q
F E D O R A W Z V A H V U L A C Q K B D
L P C S T R A W Z V Q Z S J N B K A D D
E W R B S Q L P A I F O H S A O G S B V
T G O H L M O Q E G A E A L M W U I O H
B V C O W B O Y S H P O N O A L J A J M
H R O J W P T T A J Y R K U T E J Y Q C
V L M B O A T E R A U A A C Z R M X I W
I J E C K P B D R C K K H H K D Q L X B
H J W M I Q O U L R F U G D C C R D U C
F G B E E D S T C I J B T P T A D Q Y Y
Q D G T L L O H O K H R R F V O P B C G
N Z L M X N M L Z P E A I H I O Q D H A
P S E B R M B F M L Q T C K Z J M U R S
T K J K M A R A R M I W O P K E P I E P
B E A N I E E T H M D R R Z E J Y U F O
S P E Z Z Y R C Z M S E N O Z U S H E Z
L I U P Y W O R U W R U E B E R E T Z N
```

Solutions

National Costumes

```
S I S S S B D P K C K Y O V G V A S D H
J U E H D H A O D A Z O S H E E N Z K B
F D J O E S U O F P F N C Y I R B L I U
G D C O S R A L A Z O T S M B I N X M H
L G U R A I W R A H J O A P K K W T O S
A O Q D E T V A U V A S N M P F N J
P F N M D A W B N K Z R G O P J L K O K
O T G B K X Z L E I B P H B M K F T W W
N B B J G L J E F R J G D S A B A R I F
C J R Z R P E D K W E G O A N D R L B E
H W G S S B M E E L M T D R M M A E Y Z
O I H W W F S R B P M S J A R G Y H R V
X O J F Q Q N H A L C W X F N V C A Y O
M Z W P A R U O Y D P U S A D W J N F Y
M K G S H V S S A R L Q U O N D K V B M Z
J S R A U O N E D N E D O A I A V O S U
T Y I R I L Q N J K E F F I Y E H K Y L
L Y T O P E Y J J M D I W E G H G R T W
H V U N I I Z V C W W A B M P P L A N D
U Y G G L N Q M V D Q H N T H A N F U N
```

Feeling Blue

```
J S B J L S A P P H I R E M S W M F O X
N N D A N R O Y A L I P N O D G A I E A
C C O B A L T V Z B C Y A N E S A Y I V
O T H Q H G J Q S I A M V Y N B Q E M F
H L N C C G P Y K K S B Y S I G U P U L
M I Q C Z Z K D Y S X U Y O M F A E Z I
G G U O H D Q L C W L L N R Y Q M L H Y
H H I G D W E C N S V T I Q C J G E E V
E T V C E R U L E A N R I R W A I C Z M
W B K A M H F F C R G A V M I B B T D H
P F Y O C Q G E C W S M A M N I G R A H
Q R U L P O T D G F O A P J Z F P I R T
A C U T L T R T G R P R H B U V N C K U
Z T B S R E J N W F W I E Y P F L I I R
U E P M S M H I F I E N N T W S A Z A Q
R A D I Y I O X W L D E C G R B Y I Q U
E L U V S B A L E P O D Z Y U R C V H O
C T P Y R B V N U U U W X V C W K U H R I
I N B V L Y E A K J R Q E P O W D E R S
E L I W J U G T P H O T L R X S N L T E
```

Card Games

```
U N T E S C P T Q Z B R U M M Y E G E C
N S F R N M P A G N I N S K C C H E A T
O N C A A G H Z I B C K H N I R F J B J
M O N A P N B I J R S C O P A U M L T
L O L V N B O R M R S T Q X F W S S I P
I I K D J A B U I G O F I S H Q G U T C
I L F I M V S L H S H C R H G R O P Z V
Q D Y S T A R T A J T B R I D G E A W J
A U U U O Y I R A C K O S L W O C X X F
C H U N V L M D O T K T L W M O R K N O
A W E P D V L L A N R J K Q J S S J H I A P M
R H S A S I Y T I C A M A D Q D B S I J
S J L S R E H I A N R J K C Z Z B K E X
V P F X Z T M Z O I C R Y C K W A E P A
F L O W I Q S Y T L R L U P F M G U O H
M F V O B L J Q M X T E K I F L E C K F
H B X K N Z X R P N S B S T D R W H E U
Q L Y G V S J M D Q X X K W H E T R R V
H T J J V V P J Q A S P E E D O T E M R
S X A B M O Y X T K G N K U S P P N S A
```

Poetry

```
A M W F X G R Z Y N M B G P U W M C L X
C V Y W N L A H U U F R A I R D A C O P
R E K S W N U S H C E I E O D E L V E N
O B R N T F O T S T C R H Y M E L F P W
S G X K X A R N R O G R N O T E I R I H
T O J E L N E O H N T W O O L T D C F
I O R W O I U Z E M Z A L A R E E V H D
C B I E L M G U A V A E N C U G R J Q Y
Y A L N G E S S T N E T H C S Y A Z F J
D L T X H R O D I P E R O H E S T F Z T
A L M Y A I N P P R Q X S P A I I L T P
C A R N I C N B H S G Q K E O G O D N K
M D Q X K K E P K J O D T M N E N X M R
E X X A U P T N Z S Q L D B X X I P B M
T L C O N S O N A N C E I L Y Y J A K F
R X E L P I W J F F G L D L N L D P W W
E V I L L A N E L L E H L J O C J B V J
G Q T Q L T L F T T L W X R N Q C S V F
K X S J X P A S T O R A L H B C U P G E
Y Z Q Q Z N R F R C O U P L E T Y Y G N
```

A Spring Clean

```
A K D T W Q H R T F M W U O G J X M M C
S B B S P O N G E W O O H R A E O K W N
T C C O R D N K G J K P Q C G F V L D A H
J K R E U W W B R O O M R A X S L G S G
Z S K U O S L H H H T U D N S P C J H Y
B U S K B D H L V N Q L U I V G I O A O
D G W W H K O S C N C L S S M Z J L U W
T A N P E A W R M D H B T E B L V F D R
U R X P W E D P I T Y R W V T U R L F P
K S G T D I D I U I S B E T M I W C F D V
N O V G Q P A U S N E D V R U Q C K L L
V A D I O R O E M T N K I O M Z L I E O
R P D K T S G L C G P Q B S J Z O M N T
O K R Y C V T I Z N A A U B I V T J K N
L F V A C U U M C S T Y N U D H H C V N
O T M Q J P P L H D D V W K F X M R
Z N T U R M K T M A B D B O N M S E H J
U R N Z S F X U Z Y R C W C T Z V P C P
X A J X F T Y S S D L N G R O N O Z U T
R C O B W E B S K N U N F U X L R U H Z
```

In the Night Sky

```
I X W V N S A T E L L I T E B U J G K N
H T R F X S D E E C O V A G E G K O P L
G H F B Q L L D K O Q N E E E V V V S G
C M P L A N E T B N U B U O R L X S T W
N R A J Z C R I X S G Q B R A T L H A Q
E Z O G W O W O U T A C U S S K M O R S
B B V C E M J O B E A Z M P T C I C O K O
U F K Z K L K X O L P U O A E O L T G U
L I Q K R E L B X L I V O C R B K I E T
A H C O M E T A T A B E N E O N Y N C H E
C V D S S P E M N T L S H S I W W G L E
L T S B V S K F P I A I A T D P A S I R
R W E Q Z U U U J O C U Y A W X Y T P N C
P K E L B B Q N K C N T N X U A X L S C E
O C H M E G Q A C W H G L I X D A R E
R U Z E R S A A L O O K V O A U T G I O S
D W G T K B C L F C L C F N U Y L S V S
X W P E O X G O A N E L Q E D D F T M S
G S K O B A O T P X Q I J P X E S O C X
M J S R S C R N I E Y Y W C X Q I Y C Q
```

For more fun learning activities visit

www.sneakyuniverse.com/store

www.ingramcontent.com/pod-product-compliance
Lightning Source LLC
Chambersburg PA
CBHW071549080526
44588CB00011B/1845